Hans-Peter Oswald

Warum Sie eine Forum-Domain für Ihr Internet-Forum verwenden sollten

Vorwort

Die **Forum-Domains** befinden sich vom 12. April bis 10. Mai 2023 in der Sunrise Period. Markenbesitzer können in der Sunrise Period ihre Marken als gleichlautende Domains registrieren. Eine Anmeldung der Marken beim **Trademark Clearinghouse** ist notwendig.

Der ICANN-akkreditierte Registrar Secura kann Ihnen kurzfristig die entsprechende Marke besorgen und Sie können an der Sunrise-Periode der Forum-Domains teilnehmen (secura@domainregistry.de).

Forum-Domains sind für alle Webseiten geeignet, die sich mit Gespräch, Kommunikation, Präsentation und ähnlichem beschäftigen. Seit vielen Jahren gibt es Internet-Foren und spezielle Software, um Internet-Foren zu schaffen. Besonders wenn eine Webseite eine "Community" aufbaut und pflegt, wird der Community häufig ein Forum zum Gedankenaustausch zur Verfügung gestellt.

Die Webseite hunde-forum.de könnte die Domain hunde.forum bekommen. Diese Domain ist sehr kurz und damit auch sehr merkfähig. Die Merkfähigkeit der Domain ist der Schlüssel zur Vermarktung einer Webseite.

Ihre Firma heißt beispielsweise "Bernhard Forum GmbH". Eine Domain "bernhard.Forum" würde gut zu diesem Firmennamen passen.

Und tatsächlich: Sie können jetzt Domains wie ihrefirma.Forum registrieren. Falls "Forum" ein Bestandteil Ihres Firmennamens ist, spiegelt der Domainnamen Ihren Firmennamen im Web wider. Ein solcher, mit dem Firmennamen identischer Domainname besitzt eine hohe Merkfähigkeit. Die große Merkfähigkeit der Domain ist ein Schlüsselelement bei der Vermarktung Ihrer Webseite.

Im Übrigen ist diese Domain nicht nur für einen deutschsprachigen, sondern auch besonders für einen englischsprachigen Auftritt geeignet.

Es sind ebenfalls E-Mail Adressen wie z.B.
pr@bernhard.forum möglich.

Den Zusammenhang zwischen einem besseren
Ranking in Suchmaschinen und den Neuen Top-
Level-Domains hat eine Studie von Searchmetrics
für die Berlin-Domains bereits erwiesen.
Webseiten mit Berlin-Domains sind bei regionalen
Suchanfragen in Google häufig besser platziert als
Webseiten mit .de-Domains und .com-Domains.
Das Ergebnis der Searchmetric-Studie lässt sich
wie folgt zusammenfassen:

*"Bei 42 % der Suchanfragen ranken .berlin-
Domains lokal besser."*

Eine weitere Studie von Total Websites in Houston
zeigt, dass die Ergebnisse der Searchmetrics-
Studie prinzipiell auf alle Neuen Top-Level-
Domains übertragbar sind, also auch auf die
Forum-Domains. Total Websites stellt fest, dass
Google die Domainendungen der Neuen Top-
Level-Domains als wichtiges Kriterium für die
Bewertung einer Domain heranzieht und kommt
daher zu folgendem Schluss:

"Es ist klar, dass die Neuen Top-Level-Domains das Ranking in Suchmaschinen verbessern."

Sie können Ihre neue Forum-Domain problemlos auf Ihre alte Webseite weiterleiten. Und umgekehrt.

Links:

https://www.domainregistry.de/forum-domains.html (deutsch)

https://www.domainregistry.de/forum-domain.html (English)

Kapitel 1: Warum Betreiber von Internet-Foren Forum-Domains verwenden sollten

In der heutigen digitalen Welt sind Internet-Foren ein wichtiger Bestandteil unserer Gesellschaft geworden. Sie bieten eine Plattform für den Austausch von Meinungen, die Diskussion von Themen und die Verbreitung von Informationen. Viele Menschen nutzen Internet-Foren, um sich über bestimmte Themen zu informieren oder ihre Meinungen und Erfahrungen zu teilen.

Betreiber von Internet-Foren spielen eine wichtige Rolle bei der Schaffung einer Umgebung, in der Menschen ihre Ansichten und Meinungen austauschen können. Um jedoch eine erfolgreiche Internet-Foren-Website zu betreiben, ist es wichtig, dass Betreiber sich Gedanken darüber machen, welche Domain sie für ihre Website verwenden sollten. Viele Argumente sprechen dafür, für Internet-Foren Forum-Domains zu verwenden.

Eine Forum-Domain ist eine spezielle Domain-Endung, die für Internet-Foren entwickelt wurde. Die Verwendung einer Forum-Domain kann mehrere Vorteile bieten.

Ein wichtiger Vorteil der Verwendung von Forum-Domains ist die Unterscheidung von anderen Websites. Bei so vielen Websites, die heute im Internet verfügbar sind, kann es schwierig sein, eine bestimmte Zielgruppe zu erreichen. Durch die Verwendung einer Forum-Domain können Betreiber von Internet-Foren ihre Website besser von anderen Websites unterscheidbar zu machen und gezielt auf ihre Zielgruppe auszurichten.

Ein weiterer wichtiger Vorteil der Verwendung von Forum-Domains ist ein besseres Ranking in Suchmaschinen. Suchmaschinen wie Google und Bing bevorzugen Websites mit spezifischen Domain-Endungen, die zu ihrem Inhalt passen. Da Forum-Domains speziell für Internet-Foren entwickelt wurden, ist es wahrscheinlicher, dass sie von Suchmaschinen bevorzugt werden und ein höheres Ranking erhalten.

Darüber hinaus kann die Verwendung einer Forum-Domain auch das Vertrauen und die Glaubwürdigkeit einer Website erhöhen. Eine Website mit einer spezifischen Domain-Endung, die zu ihrem Inhalt passt, kann professioneller und vertrauenswürdiger wirken als eine Website mit einer allgemeinen Domain-Endung wie .com oder .net. Dies trägt dazu bei, dass Nutzer der Website mehr Vertrauen in die angebotenen Informationen und Diskussionen haben.

Eine Forum-Domain kann auch dazu beitragen, die Identität und Markenbildung einer Website zu stärken. Durch die Verwendung einer spezifischen Domain-Endung können Betreiber von Internet-Foren ihre Marke besser etablieren und bekannt machen. Eine Forum-Domain leistet darüber hinaus einen Beitrag dazu, dass eine Website als eine vertrauenswürdige und seriöse Quelle für Informationen und Diskussionen wahrgenommen wird.

Zusammenfassend lässt sich feststellen:

Betreiber von Internet-Foren profitieren von der Verwendung von Forum-Domains. Eine Forum-Domain trägt dazu bei, eine Website von anderen Websites zu unterscheiden, ein besseres Ranking in Suchmaschinen zu erzielen, Vertrauen und Glaubwürdigkeit aufzubauen und die Identität und Markenbildung zu stärken.

Link:

https://www.domainregistry.de/forum-domains.html

Kapitel 2: Was sind Forum-Domains?

In diesem Kapitel werden wir uns genauer mit Forum-Domains beschäftigen und ihre Bedeutung für Betreiber von Internet-Foren diskutieren.

Eine Domain ist eine einzigartige Adresse im Internet, die es Nutzern ermöglicht, auf eine bestimmte Website zuzugreifen. Eine Domain besteht aus zwei Teilen: dem Domain-Namen und der Domain-Endung. Der Domain-Name ist der Name, den ein Betreiber für seine Website auswählt, während die Domain-Endung die Endung ist, die dem Domain-Namen folgt. Es gibt verschiedene Arten von Domain-Endungen, wie beispielsweise .com, .net, .org und viele mehr. Jede dieser Domain-Endungen hat ihre eigenen Regeln und Vorschriften für die Registrierung und Nutzung.

Forum-Domains sind eine neue Art von Domain-Endung, die speziell für Internet-Foren entwickelt wurde. Die in den Browser eingegebene Forum für eine Forum-Domain lautet ".forum".

Eine Forum-Domain funktioniert genauso wie jede andere Domain. Sie wird verwendet, um eine bestimmte Website im Internet zu identifizieren und darauf zuzugreifen. Die zukünftigen Forum-Domains werden die Form „meinname.forum" besitzen.

Eine Forum-Domain kann von jedem Betreiber von Internet-Foren registriert werden, der eine einzigartige Adresse für seine Website wünscht. Eine Forum-Domain kann genutzt werden, um eine Vielzahl von Themenbereichen abzudecken, wie beispielsweise Diskussionen über Technologie, Politik, Kunst oder Musik.

Eine Forum-Domain bietet Betreibern von Internet-Foren viele Vorteile. Eine der größten Vorteile ist, dass sie dazu beitragen kann, dass eine Website in Suchmaschinen besser gefunden wird. Suchmaschinen bevorzugen Websites, die spezifische Domain-Endungen verwenden, die zu ihrem Inhalt passen. Da eine Forum-Domain speziell für Internet-Foren entwickelt wurde, ist es wahrscheinlicher, dass sie von Suchmaschinen bevorzugt wird. Dies trägt dazu bei, dass die Website eines Betreibers von Internet-Foren höher in den Suchergebnissen angezeigt wird, was wiederum zu mehr Traffic und potenziell mehr Nutzern führen kann.

Eine Forum-Domain kann auch dazu beitragen, dass eine Website professioneller und vertrauenswürdiger wirkt. Eine spezifische Domain-Endung, die zu ihrem Inhalt passt, führt dazu, dass eine Website als seriöse Quelle für Informationen und Diskussionen wahrgenommen wird. Dadurch wird es wahrscheinlicher, dass Nutzer der Website mehr Vertrauen in die angebotenen Informationen und Diskussionen haben.

Eine Forum-Domain trägt auch dazu bei, die Identität und Markenbildung einer Website zu stärken. Durch die

Verwendung einer spezifischen Domain-Endung können Betreiber von Internet-Foren ihre Marke besser etablieren und bekannt machen.

Eine Forum-Domain macht es wahrscheinlicher, dass eine Website als eine vertrauenswürdige und seriöse Quelle für Informationen und Diskussionen wahrgenommen wird. Dies ermöglicht, dass die Website eines Betreibers von Internet-Foren eine größere Reichweite hat und mehr Nutzer anzieht.

Kapitel 3: Unterscheidung von anderen Websites

Durch die Verwendung einer Forum-Domain kann eine Internet-Foren-Website leichter von anderen Websites unterschieden werden. Ein wesentlicher Vorteil von Forum-Domains ist, dass sie eine eindeutige Identifikation für eine Website bieten. Während andere Domain-Endungen wie .com, .org, oder .net oft für verschiedene Arten von Websites verwendet werden, ist die Forum-Domain speziell für Internet-Foren gedacht.

Eine Forum-Domain hilft dabei, die Website hervorzuheben und die Aufmerksamkeit von potenziellen Nutzern zu gewinnen. Wenn ein Nutzer nach einem Forum zu einem bestimmten Thema sucht, kann er durch eine Forum-Domain schneller auf eine entsprechende Website stoßen. Darüber hinaus ist eine Forum-Domain dabei förderlich, das Vertrauen der Nutzer zu gewinnen, da sie signalisiert, dass die Website auf ein spezielles Interessengebiet ausgerichtet ist.

Ein weiterer Vorteil einer Forum-Domain ist, dass sie dazu beitragen kann, die Suchmaschinenoptimierung zu verbessern. Durch die Verwendung einer speziellen Domain-Endung kann die Website in den Suchergebnissen höher platziert werden, wenn Nutzer nach einem bestimmten Thema suchen. Suchmaschinen wie Google bevorzugen Websites, die auf ein spezielles Thema ausgerichtet sind, und Forum-Domains signalisieren genau das.

Eine gut optimierte Internet-Foren-Website mit einer Forum-Domain dient auch dazu, die Verweildauer der Nutzer auf der Website zu erhöhen. Wenn Nutzer auf eine Website stoßen, die genau auf ihr Interessengebiet ausgerichtet ist, sind sie eher bereit, länger auf der Website zu bleiben und sich mit anderen Nutzern auszutauschen. Dies wiederum kann dazu beitragen, die Nutzerbindung zu erhöhen und das Wachstum der Community zu fördern.

Schließlich verbessert eine Forum-Domain die Markenbildung und das Branding der Website. Wenn eine Forum-Domain mit dem Namen der Website kombiniert wird, kann dies zu einer stärkeren Wahrnehmung und Erinnerung an die Website führen. Wenn Nutzer nach einer bestimmten Website suchen oder sie in ihren Lesezeichen speichern, kann eine einprägsame Forum-Domain dazu beitragen, dass die Website im Gedächtnis bleibt.

Dieser Zusammenhang ist logisch: Ein Forum mit einem allgemeinen Begriff als Domain kann nicht so leicht erinnert werden als ein die Internet-Adresse eines Forums, das den Begriff „Forum" als Bestandteil der Domain enthält.

Oft wird durch die Nutzung der Forum-Domain der Domainname der Webseite kürzer, weil der Begriff „Forum" links vom Punkt nicht verwendet werden muß.

Je kürzer ein Domainname ist, desto merkfähiger ist er. Die Merkfähigkeit der Domain einer Webseite ist ein entscheidender Faktor für den Erfolg der Webseite.

Zusammenfassend lässt sich feststellen: Um im Meer der Ínternet-Domains aufzufallen, ist es nützlich eine Forum-Domain für Internet-Foren zu verwenden.

Die Verwendung einer Forum-Domain für Betreiber von Internet-Foren ist von Vorteil, da sie dazu beiträgt die Website von anderen Websites zu unterscheiden, die Suchmaschinenoptimierung zu verbessern, die Verweildauer der Nutzer zu erhöhen und das Branding zu verbessern. Eine Forum-Domain fördert das Wachstum und die Bindung der Community, indem sie signalisiert, dass die Website auf ein bestimmtes Interessengebiet ausgerichtet ist. Die Forum-Domain kann dadurch das Vertrauen der Nutzer in das Forum erhöhen.

Link:
https://www.domainregistry.de/forum-domains.html

Kapitel 4: Besseres Ranking in Suchmaschinen

Ein gutes Ranking in Suchmaschinen ist für jede Website von großer Bedeutung. Je höher das Ranking einer Website in Suchmaschinenergebnissen ist, desto wahrscheinlicher ist es, dass Nutzer auf diese Website zugreifen und sie besuchen. Dies gilt insbesondere für Internet-Foren, da sie aufgrund ihres Informationsaustauschs und ihrer Diskussionsplattformen auf einen regen Besucherstrom angewiesen sind. Eine der effektivsten Möglichkeiten, das Ranking einer Internet-Forum-Website zu verbessern, ist die Verwendung einer Forum-Domain.

Eine Forum-Domain ist eine spezifische Domain-Endung, die speziell für Internet-Foren entwickelt wurde. Wenn eine Internet-Forum-Website eine solche Domain verwendet, signalisiert dies Suchmaschinen, dass die Website speziell für Diskussionen und den Austausch von Meinungen und Informationen zu einem bestimmten Thema erstellt wurde. Suchmaschinen bevorzugen Websites mit klaren, spezifischen und relevanten Inhalten, da dies den Nutzern ein besseres Sucherlebnis bietet.

Ein weiterer Vorteil der Verwendung von Forum-Domains ist, dass sie oft spezifische Keywords im Domain-Namen enthalten können. Wenn die Domain spezifische Keywords enthält, die zu den Inhalten der Website passen, kann dies zu einem höheren Ranking in Suchmaschinen führen. Suchmaschinen durchsuchen den Domain-Namen und die Inhalte der Website nach relevanten Informationen, um sie in den Suchergebnissen anzuzeigen. Eine Forum-Domain, die spezifische Keywords im Domain-Namen enthält, kann dazu beitragen, dass die Website bei Suchanfragen besser gefunden wird.

Darüber hinaus sind Backlinks ein wichtiger Rankingfaktor für Suchmaschinen. Wenn eine Internet-Forum-Website mit einer Forum-Domain hochwertige Inhalte und Diskussionen anbietet, sind andere Websites eher bereit, auf sie zu verlinken. Durch den Aufbau von Backlinks von anderen relevanten Websites wird die Autorität und Glaubwürdigkeit der Website gestärkt und das Ranking in Suchmaschinen verbessert.

Ein weiterer Aspekt, der die Verwendung von Forum-Domains fördert, ist, dass sie oft zu einer höheren Sichtbarkeit in lokalen Suchanfragen führen. Wenn die Website Inhalte zu einem bestimmten geografischen Standort bietet, führt die Verwendung einer lokalisierten Forum-Domain wie "berlin.forum" dazu, dass die Website bei lokalen Suchanfragen besser gefunden wird.

Die bessere Suchmaschinen-Platzierung und insbesonders das bessere Ranking der Forum-Domains bei Google lässt sich mit Studien untermauern.

Den Zusammenhang zwischen einem besseren Ranking in Suchmaschinen und den Neuen Top-Level-Domains hat eine Studie von Searchmetrics für die Berlin-Domains bereits erwiesen. Webseiten mit Berlin-Domains sind bei regionalen Suchanfragen in Google häufig besser platziert als Webseiten mit .de-Domains und .com-Domains. Das Ergebnis der Searchmetric-Studie lässt sich wie folgt zusammenfassen:

"Bei 42% der Suchanfragen ranken .berlin-Domains lokal besser."

Eine weitere Studie von Total Websites in Houston zeigt, dass die Ergebnisse der Searchmetrics-Studie prinzipiell auf alle Neuen Top-Level-Domains übertragbar sind, also auch auf die Forum-Domains. Total Websites stellt fest, dass Google die Domainendungen der Neuen Top-Level-Domains als wichtiges Kriterium für die Bewertung einer Domain heranzieht und kommt daher zu folgendem Schluss:

"Es ist klar, dass die Neuen Top-Level-Domains das Ranking in Suchmaschinen verbessern."

Zusammenfassend lässt sich sagen, dass die Verwendung von Forum-Domains ein wichtiger Faktor für ein besseres Ranking in Suchmaschinen ist. Durch die Spezifizierung der Domain auf das Thema des Internet-Forums, den Einsatz von spezifischen Keywords, den Aufbau von Backlinks und die Erhöhung der Sichtbarkeit in lokalen Suchanfragen können Betreiber von Internet-Foren ihre Zielgruppe besser erreichen und sich von anderen Websites abheben.

Kapitel 5: Glaubwürdigkeit und Vertrauen

Ein weiterer wichtiger Vorteil der Verwendung von Forum-Domains für Betreiber von Internet-Foren ist die Steigerung der Glaubwürdigkeit und des Vertrauens in ihre Website. Im Folgenden werden einige Argumente erläutert, die diese Aussage unterstützen:

1. Spezifische Domain-Endungen wie die Forum-Domain zeigen den Besuchern, dass der Betreiber der Website sich auf ein bestimmtes Thema spezialisiert hat. Daraus ergibt sich, dass die Besucher die Website als zuverlässiger und glaubwürdiger einstufen, da sie sich auf ein bestimmtes Angebot konzentriert.

2. Wenn Betreiber von Internet-Foren eine Forum-Domain verwenden, zeigt dies auch, dass sie bereit sind, in ihre Website zu investieren. Die Registrierung einer spezifischen Domain-Endung kostet mehr als die Verwendung einer generischen Domain-Endung wie .com oder .net. Wenn Betreiber bereit sind, diese zusätzlichen Kosten zu tragen, zeigt dies, dass sie ernsthaft an ihrer Website arbeiten und dass sie sich um die Zufriedenheit ihrer Benutzer kümmern.

3. Wenn Benutzer auf eine Website mit einer Forum-Domain stoßen, können sie davon ausgehen, dass die Website von einer Gruppe von Experten betrieben wird. Diese Experten haben möglicherweise viele Jahre Erfahrung in ihrem Bereich und sind in der Lage, das Forum gut zu moderieren. Dies trägt zur Glaubwürdigkeit und zum Vertrauen in die Website bei.

4. Eine spezifische Domain-Endung wie eine Forum-Domain kann auch dazu beitragen, Spam und Betrug zu reduzieren. Wenn Benutzer auf eine Website stoßen, die nur aus einer zufälligen Kombination von Buchstaben und Zahlen besteht, kann dies misstrauisch machen. Eine Forum-Domain zeigt jedoch an, dass die Website ein seriöses Forum betreibt und dass es wahrscheinlich weniger Spam und Betrug auf der Website geben wird.

5. Eine Forum-Domain kann auch dazu beitragen, dass Benutzer das Gefühl haben, Teil einer Gemeinschaft zu sein. Wenn Benutzer auf eine

Website stoßen, die eine generische Domain-Endung wie .com verwendet, können sie das Gefühl haben, dass die Website von einer Einzelperson oder einem Unternehmen betrieben wird, das rein kommerziell denkt. Eine Forum-Domain zeigt jedoch an, dass die Website von einer Gruppe von Personen betrieben wird, die ein gemeinsames Interesse teilen. Dies kann dazu beitragen, dass Benutzer sich wohler fühlen und mehr Vertrauen in die Website haben.

6. Eine Forum-Domain kann auch dazu beitragen, dass Benutzer die Inhalte auf der Website als glaubwürdiger und vertrauenswürdiger einstufen. Da die Domain-Endung das Thema der Website widerspiegelt, können die Benutzer davon ausgehen, dass die Betreiber des Forums Experten sind.

Link:

https://www.domainregistry.de/forum-domains.html

Kapitel 6: Identität und Markenbildung

Die Verwendung einer Forum-Domain kann dazu beitragen, dass Betreiber von Internet-Foren eine einzigartige Identität und Marke aufbauen. Indem sie eine Domain-Endung verwenden, die speziell für ihr Forum entwickelt wurde, können sie die Aufmerksamkeit ihrer Zielgruppe auf sich ziehen und sich als Marktführer in ihrem Bereich positionieren.

Eine einzigartige Identität und Marke sind wichtig, um sich von der Konkurrenz abzuheben. Durch die Verwendung einer Forum-Domain kann das Forum als eine führende Quelle für Informationen in seinem Bereich wahrgenommen werden. Dies kann dazu beitragen, das Vertrauen der Zielgruppe zu gewinnen und das Wachstum des Forums zu fördern.

Eine Forum-Domain kann auch dazu beitragen, die Markenbekanntheit zu steigern. Wenn die Zielgruppe die Domain sieht, wird sie das Forum mit der spezifischen Thematik in Verbindung bringen und es einfacher machen, sich an das Forum zu erinnern. Dies kann auch dazu beitragen, dass Nutzer das Forum weiterempfehlen und so für zusätzlichen Traffic sorgen.

Eine einzigartige Identität und Marke können auch dazu beitragen, das Engagement der Zielgruppe zu erhöhen. Wenn Nutzer das Gefühl haben, dass das Forum eine starke Identität hat und sich für ihre Bedürfnisse einsetzt, werden sie eher aktiv daran teilnehmen und sich engagieren. Dadurch kann das Forum wachsen und noch wertvoller für die Zielgruppe werden.

Die Verwendung einer Forum-Domain führt auch dazu, das Vertrauen der Zielgruppe zu gewinnen. Wenn Nutzer sehen, dass das Forum eine spezifische Domain-Endung hat, die für ihr Thema entwickelt wurde, werden sie eher davon ausgehen, dass das Forum eine vertrauenswürdige Quelle für Informationen ist. Dies kann dazu beitragen, das Wachstum des Forums zu fördern und den Ruf des Forums zu verbessern.

Die Verwendung einer Forum-Domain trägt auch dazu bei, eine klarere Positionierung des Forums zu erreichen. Indem die Domain-Endung spezifisch für das Thema des Forums ist, wird es für die Zielgruppe einfacher zu verstehen, welche Art von Inhalten auf der Website zu erwarten sind. Dies kann auch dazu beitragen, dass das Forum in den Augen der Zielgruppe als in seinem Bereich bedeutend wahrgenommen wird.

Eine einzigartige Identität und Marke fördert das Wachstum des Forums. Wenn das Forum als eine führende Quelle für Informationen in seinem Bereich wahrgenommen wird, wird es einfacher, neue Nutzer anzuziehen und bestehende Nutzer zu halten. Dies kann dazu beitragen, dass das Forum schnell wächst und noch wertvoller für die Zielgruppe wird.

Eine einzigartige Identität und Marke trägt auch dazu bei, die Loyalität der Zielgruppe zu erhöhen. Wenn das Forum als eine führende Quelle für Informationen in seinem Bereich wahrgenommen wird, werden Nutzer eher bereit sein, aktiv daran teilzunehmen und das Forum zu unterstützen. Dadurch kann das Forum wachsen und noch wertvoller für die Zielgruppe werden.

Kapitel 7: Was ein Bewohner des alten Roms zur Forum-Domain sagen würde...

Salve! Seid gepriesen! Wir Bürger des Römischen Reiches liebten unser Forum.

Es war weit mehr als ein Marktplatz. Das Forum bildete das politische und gesellschaftliche Zentrum der Stadt, auf dem die römischen Bürger ihre Meinungen, aber auch Klatsch und Tratsch austauschten.

Für das Forum in jeder Stadt des römischen Reiches gab es ein Vorbild: das Forum Romanum, das Forum unseres geliebten Roms.

Ein Seher in unserer Stadt prophezeite mir, dass in der fernen Zukunft nicht nur jede Stadt, sondern auch jeder Bürger ein Forum sein eigen nennen können wird. Was für eine goldene Zeit die Zukunft wird...

Wenn Sie Gelegenheit haben sollten, ein Forum mit eigener Adresse zu erwerben, dann sollten Sie zugreifen.

Marcus Tullius Cicero

Kapitel 8: Wenn Ihr Firmenname "Forum" enthält, ist die Forum-Domain die Domain Ihrer Wahl

Ihre Firma heißt beispielsweise "Bernhard Forum GmbH". Eine Domain "bernhard.forum" würde gut zu diesem Firmennamen passen.

Und tatsächlich: Sie können jetzt Domains wie ihrefirma.forum registrieren. Falls "Forum" ein Bestandteil Ihres Firmennamens ist, spiegelt der Domainnamen Ihren Firmennamen im Web wider. Ein solcher mit dem Firmennamen identischer Domainname besitzt eine hohe Merkfähigkeit. Die große Merkfähigkeit der Domain ist ein Schlüsselelement bei der Vermarktung Ihrer Webseite.

Im Übrigen ist diese Domain nicht nur für einen deutschsprachigen, sondern auch besonders für einen englischsprachigen Auftritt geeignet.

Es sind ebenfalls e-mail Adressen wie z.B. info@bernhard.forum möglich.

Sie können übrigens Ihre neue Forum-Domain problemlos auf Ihre alte Webseite weiterleiten. Und umgekehrt.

Kapitel 9: Wie Sie Ihre neue Forum-Domain nicht nutzen sollen

Wir gehen davon aus, dass wir Sie für eine Forum-Domain begeistern konnten und dass Sie daraufhin eine Forum-Domain registriert haben oder registrieren werden. Wir erklären Ihnen hier, was Sie mit Ihrer neuen Forum-Domain nicht tun sollten.

Angenommen Ihre ganze Webseite besteht aus einem Domain-Forum. Sie sollten auf keinen Fall Ihren bisherigen Domainnamen löschen. Sie verlieren dadurch im Ranking bei Google, weil Google auch das Alter der Domain berücksichtigt. Sie verlieren dadurch auch alle Backlinks, was zum unmittelbaren Verlust von Traffic führt. Außerdem sinkt das Ranking Ihres Forums bei Google, weil Google die Qualität und Anzahl der Backlinks beim Ranking berücksichtig.

Sie haben drei Optionen:

1. Sie leiten die neue Forum-Domain auf Ihre alte Domain weiter.

2. Sie spiegeln Ihr Forum unter der neuen Forum-Domain. Webspace mit 10 GB und vielen Features erhalten Sie bei der ICANN Registrar Secura übrigens für unter 10 EUR im Jahr.

Link: https://www.domainregistry.de/webspace1.html

3. Sie bauen eine Portal-Seite unter der Forum-Domain auf, die per Link zu Ihrer alten Domain führt.

Angenommen, Ihre Webseite besteht aus einem allgemeinen Teil und einem Forum.

Sie behalten Ihren alten Domainname für Ihre Webseite.

Auch hier ergeben sich drei Optionen:

1. Sie leiten die neue Forum-Domain auf die spezifische Subdomain oder die URL des jetzigen Forums weiter.

2. Sie spiegeln nicht Ihre ganze Domain, sondern nur Ihr Forum unter der neuen Forum-Domain. Webspace mit 10 GB und vielen Features erhalten Sie bei der ICANN Registrar Secura übrigens für unter 10 EUR im Jahr.

Link: https://www.domainregistry.de/webspace1.html

3. Sie bauen eine Portal-Seite unter der Forum-Domain auf, die per Link zu der Forum-Seite Ihrer alten Domain führt.

Was spricht dafür mehrere Domains zu verwenden, darunter auch die Forum-Domain?

Mehr Netze fangen mehr Fische....

Sie hatten vielleicht einmal Gelegenheit im Urlaub einen traditionellen Fischer zu beobachten. Er wirft nicht nur ein Netz aus, sondern mehrere. Denn er weiß: Mehr Netze bringen mehr Fische. Folgen Sie dem Beispiel des Fischers: Mehr Domains bringen mehr Traffic, damit auch mehr Kontakte.

Früher listete Google in den Suchergebnisse oft eine Domain mit zahlreichen Subdomains oder URLs. Um mehr Vielfalt in den Suchergebnissen durch das Listen unterschiedlicher Angeboten zu schaffen, hat Google damit aufgehört.

Für Nutzer, insbesondere Firmen, lohnt es sich daher mehr als je zuvor, nicht nur mit einer Domain, sondern mit mehreren Domains im Netz vertreten zu sein. Mit mehreren Domains steigt die Chance von Google mit einer oder mehreren Webseiten in den Suchmaschinen-Ergebnissen gut gelistet zu werden

Kapitel 10: Forum-Domain ist die Webadresse erster Wahl für Forum-Betreiber (Zusammenfassung)

Ein Blick in Wikipedia genügt, um die vielfältigen **Bedeutungen des Begriffs "Forum"** zu erfassen.

Uns interessiert hier vor allem d i e Bedeutung von "Forum", die Wikipedia so definiert:
"ein realer oder virtueller Ort, wo Meinungen untereinander ausgetauscht werden können, Fragen gestellt und beantwortet werden können."

Forum-Domains sind für alle Webseiten geeignet, die sich mit Gespräch, Kommunikation, Präsentation und ähnlichem beschäftigen. Seit vielen Jahren gibt es Internet-Foren und spezielle Software, um Internet-Foren zu schaffen.

Foren-Betreiber und Administratoren aufgepaßt: Die Forum-Domain ist Eure Domain der ersten Wahl.

Die Webseite hunde-forum.de könnte die Domain hunde.forum bekommen. Diese Domain ist sehr kurz und damit auch sehr merkfähig. Die Merkfähigkeit der Domain ist der Schlüssel zur Vermarktung einer Webseite.

Den Zusammenhang zwischen einem besseren Ranking in Suchmaschinen und den Neuen Top-Level-Domains hat eine Studie von Searchmetrics für die Berlin-Domains bereits erwiesen. Webseiten mit Berlin-Domains sind bei regionalen Suchanfragen in Google häufig besser platziert als Webseiten mit .de-Domains und .com-Domains. Das Ergebnis der Searchmetric-Studie lässt sich wie folgt zusammenfassen:

"Bei 42% der Suchanfragen ranken .berlin-Domains lokal besser."

Eine weitere Studie von Total Websites in Houston zeigt, dass die Ergebnisse der Searchmetrics-Studie prinzipiell auf alle Neuen Top-Level-Domains übertragbar sind, also auch auf die Forum-Domains. Total Websites stellt fest, dass Google die Domainendungen der Neuen Top-Level-Domains als wichtiges Kriterium für die Bewertung einer Domain heranzieht und kommt daher zu folgendem Schluss:

"Es ist klar, dass die Neuen Top-Level-Domains das Ranking in Suchmaschinen verbessern."

Der ICANN-Prozess der Einführung neuer Top Level Domains schreitet fort. Die Sunrise-Period der Forum-Domains startet am 12.April 2023 und geht bis zum 10.Mai 2023. In der Sunrise Period können sich Inhaber von Marken um gleichlautende Forum-Domains bewerben. Eine Anmeldung der Marken beim Trademark Clearinghouse ist notwendig.

Wir finden hier eine Besonderheit vor: Forum-Domains in der Sunrise Period kosten weniger als Domains in der Allgemeinen Verfügbarkeit.

Die General Availability startet am 17. Mai 2023. Nicht nur bei der Registrierungsstelle, sondern auch bei vielen Registraren gilt das Prinzip: *"Wer zuerst kommt, mahlt zuerst"*. Um sich alle Chancen zu sichern, ist es ratsam bereits jetzt eine Vor-Registrierung für die gewünschte Forum-Domain vorzunehmen.

Zusammenfassend lässt sich sagen, dass die Verwendung von Forum-Domains für Betreiber von Internet-Foren viele Vorteile bietet. Eine Forum-Domain kann dazu beitragen, dass eine Website sich von anderen Websites abhebt und besser auf ihre Zielgruppe ausgerichtet ist. Darüber hinaus kann sie dazu beitragen, dass die Website in Suchmaschinen besser rankt und somit mehr Traffic generiert.

Durch die Verwendung einer Forum-Domain kann auch die Identität und Markenbildung einer Website gestärkt werden. Die Domain-Endung kann dazu beitragen, dass die Website als glaubwürdig und vertrauenswürdig wahrgenommen wird. Dies kann dazu beitragen, dass die Nutzer länger auf der Website bleiben und häufiger wiederkommen.

Ein weiterer Vorteil der Verwendung von Forum-Domains ist die bessere Sichtbarkeit in sozialen Medien. Viele Social-Media-Plattformen ermöglichen es Nutzern, ihre Website-URL zu teilen. Durch die Verwendung einer Forum-Domain kann die Website in den sozialen Medien leichter gefunden werden, was zu einer höheren Anzahl von Shares, Likes und Kommentaren führen kann.

Insgesamt ist die Verwendung von Forum-Domains eine Möglichkeit für Betreiber von Internet-Foren, ihre Website von anderen Websites zu unterscheiden und ihre Zielgruppe zu erreichen. Sie kann dazu beitragen, dass die Website in Suchmaschinen besser rankt und somit mehr Traffic generiert. Darüber hinaus kann sie dazu beitragen, dass die Identität und Markenbildung der Website gestärkt werden und sie in sozialen Medien besser sichtbar ist.

Es ist wichtig zu beachten, dass die Verwendung einer Forum-Domain allein nicht ausreicht, um eine erfolgreiche Website zu betreiben. Die Qualität des Inhalts und die Benutzererfahrung sind genauso wichtig. Eine Website, die sich auf qualitativ hochwertigen Inhalt und eine positive Benutzererfahrung konzentriert, wird mehr Erfolg haben als eine Website, die sich allein auf ihre Domain-Endung verlässt.

Betreiber von Internet-Foren sollten auch bedenken, dass die Wahl der Domain-Endung nur ein Aspekt der Website-Entwicklung ist. Es gibt viele andere Faktoren, die berücksichtigt werden müssen, wie zum Beispiel die Wahl des Hosting-Providers, die Gestaltung der Website und die Optimierung für Suchmaschinen. Eine umfassende Strategie zur Website-Entwicklung ist entscheidend für den Erfolg einer Internet-Foren-Website.

Insgesamt ist die Verwendung von Forum-Domains eine lohnende Investition für Betreiber von Internet-Foren, da sie dazu beitragen kann, dass die Website erfolgreicher wird. Es ist jedoch wichtig, dass Betreiber von Internet-Foren die Verwendung von Forum-Domains im Kontext einer umfassenden Website-Entwicklungsstrategie betrachten und sicherstellen, dass ihre Website hochwertigen Inhalt und eine positive Benutzererfahrung bietet.

Impressum:
Bibliografische Information der Deutschen
Nationalbibliothek:
Die Deutsche Nationalbibliothek verzeichnet diese
Publikation in der Deutschen Nationalbibliografie;
detaillierte bibliografische Daten sind im Internet über
dnb.dnb.de abrufbar.

Copyright: © Hans-Peter Oswald 2023

Herstellung und Verlag: BoD – Books on Demand,
Norderstedt

ISBN Nummer: 9783750440227